十三届全国人大二次会议《政府工作报告》学习辅导

稳健的货币政策要松紧适度

宋 立 著

中国言实出版社

图书在版编目（CIP）数据

稳健的货币政策要松紧适度 / 宋立著 . -- 北京 : 中国言实出版社 , 2019.3
ISBN 978-7-5171-3102-1

Ⅰ . ①稳… Ⅱ . ①宋… Ⅲ . ①货币政策－研究－中国Ⅳ . ① F822.0

中国版本图书馆 CIP 数据核字（2019）第 055190 号

出 版 人：王昕朋
总 监 制：朱艳华
责任编辑：宫媛媛

出版发行　中国言实出版社
　　　　　地　　址：北京市朝阳区北苑路 180 号加利大厦 5 号楼 105 室
　　　　　邮　　编：100101
　　　　　编辑部：北京市海淀区北太平庄路甲 1 号
　　　　　邮　　编：100088
　　　　　电　　话：64924853（总编室）　64924716（发行部）
　　　　　网　　址：www.zgyscbs.cn
　　　　　E-mail：zgyscbs@263.net
经　　销　新华书店
印　　刷　北京温林源印刷有限公司
版　　次　2019 年 3 月第 1 版　2019 年 3 月第 1 次印刷
规　　格　850 毫米 ×1168 毫米　1/32　0.625 印张
字　　数　8 千字
定　　价　6.00 元　ISBN 978-7-5171-3102-1

稳健的货币政策要松紧适度

李克强总理在十三届全国人大二次会议上所作的《政府工作报告》中指出，稳健的货币政策要松紧适度，并进行了深刻阐述。做好2019年的宏观调控，必须准确理解和把握稳健的货币政策的内涵和要求。

一、继续实施稳健的货币政策，发挥好逆周期调节作用

综合分析国内外经济形势，2019年我国发展面临的环境更复杂更严峻，可以预料和难以预料的风险和挑战更多更大，保持经济运行在合理区间面临的困难不可低估。

从国际看，世界经济复苏出现波折，不稳定不确定因素明显增加，外部环境发生深刻复杂变化。世界经济经过前几年稳健扩张，增长动力逐渐减弱，正从同步增长转为全面放缓，主要经济体呈现不同程度的减速特征。全球化遭遇挑战，保护主义、单边主义加剧，投资者信心和预期受到冲击，国际金融和大宗商品市场大幅震荡。受美国货币政策转向、发达国家经济增速放缓、地缘冲突外溢效应持续，以及国际金融市场动荡等影响，新兴市场经济体和发展中国家经受艰难的考验。不少国际机构都下调了世界经济增速的预测。国际货币基金组织在三个月内两次下调了2019年和2020年世界经济，以及欧元区和新兴市场经济体的增速预测。经济合作与发展组织也于近期下调了世界经济增速预测，特别是大幅下调了欧元区经济增速预测，调整幅度高达0.8个百分点。

从国内看，我国经济运行保持在合理区间，总体平稳、稳中有进，但也稳中有变、变中有忧。我国正处于结构转型爬坡过坎的关键时期，周期性、结构性、体制性矛盾交织叠加，长期积累的问题和新出现的困难叠加。从周期性因素看，改革开放和全球化带来的长周期繁荣进入调整阶段，新的增长周期仍在蕴育，潜在增长率下降。从结构性因素看，我国原有的低成本扩张模式受制于全球产业分工路径依赖，导致国内生产供给跟不上国内需求升级的步伐，供给侧结构性矛盾成为经济运行的主要矛盾。

从体制性因素看，改革已经过了"帕累托改进"阶段，以往改革带来的增长效应边际递减，新的改革面临多方面的阻力，一些体制机制弊端严重制约经济发展。在此背景下，传统增长动力逐渐减弱，经济下行压力持续存在，外部环境变化又带来了新的下行压力。消费增速放缓，有效投资增长乏力，实体经济困难较多，部分地区行业亏损面加大，经济形势不容乐观。

2019年是新中国成立70周年，也是全面建成小康社会、实现第一个百年目标的关键之年，保持经济运行在合理区间意义十分重大。为了顶住下行压力，必须创新和完善宏观调控方式，增强调控的前瞻性、针对性和有效性。稳健的货币政策已经实施多年，实践证明行之有效，对于保持经济运行在合理区间发挥了重要的作用。2019年要保持稳健的货币政策的基本取向不变，同时从稳增长、调结构、防风险的大局出发，强化逆周期调节，适时适度预调微调，加大金融对实体经济的支持力度，着力解决民营和小微企业融资难融资贵问题。

二、稳健的货币政策要松紧适度，保持货币信贷和社会融资规模合理增长

2019年要继续实施稳健的货币政策，保持经济运行在合理区间也赋予了稳健货币政策新的内涵。一方面，经济下行压力增大，客观上要求货币政策不能保持原有力度不变，而应该强化逆周期调节。另一方面，坚持结构性去杠杆的基本方向，必然要求货币政策不能失之过松、失之过宽，这就意味着货币政策只能"稳健"，而不能像财政政策一样"积极"。因此，2019年稳健的货币政策主要强调"松紧适度"，而不再强调"保持中性"，要求保持货币信贷和社会融资规模合理增长，全社会流动性要合理充裕、而不仅仅是合理稳定。在货币政策的具体执行中，必须统筹兼顾总量与结构，把握好调控的度。既要把好货币供给总闸门，不搞"大水漫灌"；又要着力疏通货币政策传导渠道，优化信贷结构，有效缓解实体经济融资难题。

从总量来看，要保持货币信贷和社会融资规模合理增长、全社会流动性合理充裕。衡量货币信贷和社会融资规模增长是否合理，要看是否更好满足经济运行保持在合理区间的需要，是否有效缓解实体经济特别是民营和小微企业融资难融资贵问题，是否有利于推进结构性去杠杆、防范化解金融风险。近年来，伴随货币投放机制变化，我国货币供应量增长率持续下降，从之前的两位数增长快速回落到了一位数。目前，广义货币 M_2 增长率基本上保持在 8%—9% 的区间，狭义货币 M_1 增长率从 2018 年 1 月份的 15% 回落到近期接近零增长的水平，民营实体经济特别是民营和小微企业融资难融资贵问题进一步凸显。从理论分析和计量检验看，货币供应量 M_2 与国内生产总值 GDP、消费者价格指数 CPI 之间的关系虽有弱化，但相关性仍然显著存在，且目前也没有更好的指标可以替代，有 M_2 和社会融资规模的量化预期目标比没有好。2018 年我们没有制定 M_2 和社会融资规模增速的量化目标，现在看来有利有弊，利是能够增强调控的灵活性，弊是使调控缺乏直接依据、市场失去参照，且容易形成一定程度的顺周期效应，弱化宏观调控的效果。2019 年宏观调控强调逆周期调节，提高前瞻性、灵活性和针对性，有效引导市场预期，必须把握好货币供应量和社会融资规模的增长速度。要按照广义货币 M_2 和社会融资规模增速与国内生产总值名义增速相匹配、并适当考虑逆周期调节的原则，把握好货币供应和社会融资规模增速目标。这个原则，既有理论基础，也有更多的实践经验支撑。M_2 与名义的 GDP 的关系，源自现代货币理论，系对交易方程式求导而来。过去我们在 GDP、CPI 之外，另外考虑经济货币化的需求，现在这方面需求弱化了，需要根据经济形势考虑逆周期调节需要。总之，要认真把握好货币供应量和社会融资规模预期目标，保持货币信贷和社会融资规模合理增长，一方面防止过度放松、推高企业杠杆率，一方面防止过犹不及、避免各种不利因素叠加诱发信用紧缩。

从结构看，要着力解决信贷配置中的供需不匹配问题，有效缓解民营和小微企业融资难融资贵问题。伴随经济持续快速发展，我国货币信贷供应总量快速增加，但结构不尽合理，资金错配问题明显。2018 年末，广义货币供应量 M_2 为 182.7 万亿元，与国内生产总值 GDP 比值为 202.9%。社会融资规模存量 200.7 万亿元，与国内生产总值 GDP 比值为 223%。金融机构各项贷款余额 141.8 万亿元、与国内生产总值 GDP 比值为 157.45%，加上债券发行等各种债务性融资，宏观杠杆率为 249.4%。但也不能不看到，在货币信贷总量不断增加的同时，近年来供需结构问题越来越突出，资金配置的"马太效应"比较明显，一些行业集中了过多的信贷资源，一些"僵尸企业"占用信贷资源又没有产出，民营和小微企业、"三农"等领域融资难题持续存在。小微企业在就业中占比超过 90%，但在一些省份全部贷款中的占比只有 10% 左右。实体经济融资难融资贵问题不能得到有效缓解，反过来也在一定程度上对经济结构产生了逆调节，制约供给侧结构性改革顺利推进。这也是我们坚持结构性去杠杆的重要原因。解决金融服务供需的不对称、不匹配问题，必须着力优化信贷结构，疏通货币政策传导渠道，下功夫解决银行不敢贷、不愿贷、不能贷问题，抑制高负债企业债务融资持续增加和杠杆率不断攀升，使资金及时送达实体经济最需要支持的薄弱环节，推动民营和小微企业融资状况得到明显改善。

三、灵活运用多种货币政策工具，保持流动性合理充裕和实际利率合理降低

保持货币信贷和社会融资规模合理增长、流动合理充裕、实际利率水平合理降低，就要灵活运用多种货币政策工具，适时适度预调微调，从源头上提供流动性，降低资金成本，为有效缓解民营和小微企业融资难融资贵创造条件。

灵活运用货币政策工具进行预调微调。货币政策工具通常较多，准备金、再贴现等直接调节货币数量，调整准备金率、再贴现率属于数量型手段。利率、汇率是资金价格，调整利率等属于价格型手段。什么时候运用价格型工具和手段，什么时候运用数量型工具和手段，要根据调控的实际需要斟酌使用。按照首届诺贝尔经济学奖获得者丁伯根研究提出的"丁伯根法则"，一种政策工具只宜针对一个问题。实现多个政策目标时，需要搭配使用多种政策工具，安排好政策使用的顺序，做到相互补充，防止相互抵消，以便形成最大政策合力，实现最优政策效果。一般来说，从政策工具动用到发挥预期作用往往有一个传导过程，存在一定的时滞，使用任何政策工具都必须"适时"，注意把握好时机。有些政策工具时滞较长，需要打好提前量，尽量进行"预调"。有些政策工具见效快而有力，属于较"猛"的工具，使用这些政策工具必须"适度"，注意把握好力度，尽量进行"微调"，使政策效果"润物细无声"，防止矫枉过正式的"超调"。当前，特别要注意在区间调控的基础上加强定向调控、相机调控。

适时运用政策工具从源头提供流动性、降低融资成本。新世纪以来，为了对冲贸易顺差不断扩大导致的货币被动投放、回收过剩流动性，我国法定存款准备金率不断提高，最高时达到21.5%。后来虽然有几次下调，但在世界上仍然比较高。目前，我国大型银行法定存款准备金率为13.5%，中小银行法定存款准备金率为11.5%。法定存款准备金率长期较高从源头上提高了银行的资金成本，是企业融资贵的重要原因。当前，我国经济下行压力大，企业经营困难，需要降低存款准备金率。由于存款准备金属于比较猛的政策工具，降低准备金率需要讲究策略，选择好时机，把握好力度。在推进结构性去杠杆和顶住经济下行压力的双重背景下，既要从源头上增加银行资金头寸、降低资金成本，又要防止"大水漫灌"、释放过多流动性，为此，需要改革创新降低存款准备金的方式方法。2018年4次降低法定存款准备金率，就是采用定向降准和置换降准的方式。定向降准在一定意义上也是服务小微企业的激励机制，主要是对服务小微企业和"三农"达到一定比例的金融机构，定向降低存款准备金率，使它们能够有足够的资金、并以相对较低的成本，为小微企业等实体经济薄弱环节提供必要的金融服务。置换降准目的在于降低金融机构的资金成本、而不是释放流动性，主要通过以准备金置换中期借贷便利（MLF）的方式，既适当回收了流动性、避免了"大水漫灌"，又降低了金融机构的准备金水平进而资金成本。2019年伊始，针对经济下行压力又有加大的新情况，第5次降低了法定存款准备金率。与以往4次不同的是，这次实行的是普遍性降准和定向降准相结合的方式，旨在加大逆周期调节力度。下一步，根据经济运行状况和宏观调控需要，可适时灵活运用定向降准、置换降准、全面降准等方式，继续从源头上为金融机构释放流动性、提供低成本资金。

推动降低中小微企业综合融资成本。融资贵是企业普遍反映的仅次于融资难的问题。当前，我国贷款基准利率4.35%，企业贷款成本至少在5%—6%；如果加上贷款环节的各种收费，基本上在8%左右。实际情况是银行大部分贷款利率都要有所上浮，加上贷款环节的各种收费，大量企业贷款成本在10%以上，大大加重了企业负担。2019年美元加息步伐将明显放慢，降低实际利率具备有利条件，要结合利率市场化改革，推动降低实际利率水平，使实体经济特别是民营和中小微企业的综合融资成本必须有明显降低。

总之，要适时灵活运用多种货币政策工具，促进货币信贷和社会融资规模合理增长、流动性合理充裕。需要注意的是，当前金融体系内部流动性相对充裕，反映金融体系内部流动性的银行间市场利率水平持续走低，实体经济层面资金紧张局面虽然有所缓解，但仍明显存在。保持流动性合理充裕，不仅是指金融体系内部的流动性，也包括了实体经济层面的流动性，也就是说要保持全社会流动性合理充裕。特别是降准等释放出的增量资金，一定要进入实体经济，不能在金融体系内部循环，更不能脱实向虚，进入股市、房市等炒作牟利。

四、疏通货币政策传导渠道，有效缓解实体经济特别是民营和小微企业融资难融资贵问题

一个时期以来，金融领域出现了一个看似矛盾的现象，一方面金融机构感觉"池子里的水"不少了，银行间市场利率呈现下行趋势；另一方面小微企业融资难问题迟迟得不到有效缓解，融资成本居高不下。之所以出现这种现象，主要在于货币政策传导渠道不畅，表面上是资金流动问题，背后则是金融体制机制问题，资金从金融机构到实体经济的中间环节存在体制性的"中梗阻"，中央银行放出去的水只能聚集在金融体系内部自我循环，甚至形成"堰塞湖"。有效缓解民营和小微企业融资难题，疏通货币信贷传导机制极为关键。

消除货币政策传导的"中梗阻"，便利资金进入实体经济。要加强金融监管和货币政策的协调配合，把握好金融监管的力度和节奏。过去出台的一些监管措施，方向是对的，但客观上诱发了一些紧缩效应，在一定程度上堵上了资金流向实体经济的渠道。强化监管是必要的，但不能"一刀切"，要注意把握好监管的力度和节奏，避免政策叠加产生共振效应，制约货币信贷传导甚至引发次生风险。要加强财政政策和货币政策的协调配合，切实发挥好政府性融资担保体系的增信作用。近两年，我们出台了不少鼓励金融机构服务实体经济，特别是解决小微企业等融资难题的财税措施，一定要加快落实到位。融资担保是解决小微企业融资难的重要措施。政府性融资担保要坚持准公共定位，合理确定费率水平，逐步减少并取消"反担保"，降低担保服务门槛，更好地发挥作用。

打通资金进入实体经济的"最后一公里"。资金进入金融机构相对容易，但从金融机构进入实体经济面临诸多困难。要破解这个难题，需要做到"三个合理"。一要对企业合理授信，一个时期以来，金融机构盲目奉行所谓的"二八定律""三七法则"，将金融资源向大城市、大企业等集中，对大型企业的授信相对比较充裕，对小微企业的授信相对较少。改变这种状况，必须进一步优化企业授信结构，扩大对民营、小微企业等授信规模，适当压减大型企业特别是高负债率企业的授信额度。二要对分支机构合理授权。东亚金融危机以来，伴随银行基层分支机构的布局调整，银行内部授权体系也发生了较大变化，出现了比较明显的权力向省级分行和总行集中的趋势。近年来之所以信贷"垒大户"，在一定意义上与分支机构信贷权限过小、省级和总部过度集权有关，要赋予一线分支机构必要的信贷审批权限，适当提高分支机构的放款能力，避免它们"储蓄所化"。三要对员工合理激励。加强激励约束是银行规范内部管理，加强风险内控的重要举措，但在具体实践过程中，出现了一些"一刀切"做法，在一定程度上阻碍了员工对民营和小微企业放贷的积极性。特别是对民营和小微企业事实上存在的所有制和规模双重歧视，使得银行及其员工对国有企业和民营企业、小微企业贷款区别对待。如果给国有企业的贷款出了问题，一般会比较公正地处理。但如果对民营和小微企业的贷款出了问题，往往会被怀疑内外勾结等，最后变成说不清的问题，导致银行员工对民营和小微企业贷款望而却步。要改变这种状况，必须加快落实尽职免责条款，只要员工按规定做了合格规范的尽职调查，即便贷款以后出了问题，也不能随意追责处分，务必给员工一个定心丸，解决不敢贷、不愿贷、不能贷的问题，让他们有意愿有动力为包括民营和小微企业在内的各类企业普遍服务。

五、深化利率汇率市场化改革，保持人民币汇率在合理均衡水平上的基本稳定

利率汇率作为资金的内外价格，反映金融市场的供求关系，也是重要的货币政策传导渠道。深化利率汇率改革，加快形成市场化利率汇率形成机制，既是深化金融体制改革的重要内容，也是完善货币政策传导机制的必然要求。

深化利率市场化改革，推动降低实际利率水平。从国际经验看，不少发达国家已经不再调节货币供应量等数量目标，而是直接调控利率，通过调节货币市场基准利率来传导货币政策意图。伴随我国经济市场化程度提高和金融市场体系健全，利率在金融体系和金融调控中的作用越来越大，深化利率市场化改革十分重要和迫切。我国已经先后放开金融机构贷款利率管制和存款利率浮动上限管制，仅保留制定基准利率供商业银行定价参考。近年来，为了全面完成利率市场化进程，我们致力于提高对市场利率的调控和传导效率，健全市场利率定价自律机制，取得了积极成效，金融机构的自主定价和风险管理能力有所提升，利率走廊机制初步建立，市场化利率形成机制持续完善，为走完利率市场化改革的最后一步创造了较好条件。下一步，要着力推进几项重要改革，一要继续培育市场基准利率，完善国债收益率曲线，健全市场化的利率形成机制。二要稳妥推进利率"两轨合一轨"，针对当前存在的利率"双轨制"，要继续推进并轨改革，完善市场化的利率形成、调控和传导机制，重点疏通央行的政策利率向市场利率和信贷利率的传导。三要完善利率走廊机制，从其他国家的经验来看，利率市场化过程中往往带来市场利率水平的上升，为防止市场利率明显上涨和大幅波动，要进一步完善利率走廊机制，增强利率调控能力。四要发挥好市场利率定价自律机制的引导作用，加强对金融机构非理性定价行为的监督管理，让市场真正在利率形成中发挥决定性作用，通过有效竞争促使市场利率水平稳中趋降。针对当前民营和小微企业面临的融资贵问题，要着力深化金融供给侧结构性改革，调整优化金融体系结构，适度增强金融机构和金融市场竞争，引导促进实际利率水平有所下降，更好服务实体经济。

完善汇率形成机制，保持人民币汇率在合理均衡水平上的基本稳定。近年来，人民币汇率形成机制改革深入推进，相继放宽了汇率中间价浮动范围，增加了"逆周期因子"，确立了"收盘价＋一篮子货币汇率变化＋调节因子"的中间价报价机制，人民币对美元的双边汇率弹性进一步增强，双向浮动特征越来越明显。2019年我国面临的外部形势更加复杂，人民币汇率稳定面临的挑战更多，要稳步深化人民币汇率形成机制改革，进一步完善以市场供求为基础、参考一篮子货币进行调节、有管理的浮动汇率制度，保持人民币汇率弹性，完善跨境资本流动宏观审慎管理，稳定市场预期，保持人民币汇率在合理均衡水平上的基本稳定。面对日益错综复杂的外部环境，要坚持以我为主，适当兼顾国际因素，在多目标中把握好综合平衡，维护跨境资本流动、汇率预期和外汇市场运行基本平稳。发挥汇率调节宏观经济和国际收支"自动稳定器"的作用，创新和丰富调控工具箱，加强与市场沟通，着力引导和稳定市场预期。同时，要协同推进相关领域改革，为汇率市场化改革创造必要条件。一方面，要加快发展外汇市场，注重发挥市场供求在汇率形成中的决定性作用，坚持金融服务实体经济的原则，为基于实需原则的进出口企业提供汇率风险管理服务。另一方面，要稳步推进人民币资本项目可兑换，推进人民币对其他货币直接交易市场发展，完善人民币跨境使用的政策框架和基础设施，坚持发展、改革和风险防范并重，支持人民币在跨境贸易和投资中的使用。总之，要协调推进各项改革，完善汇率形成机制，增强汇率弹性，保持人民币汇率在合理均衡水平上的基本稳定。